Teach me... CHINESE

A Musical Journey Through the Day

by
Judy Mahoney

Translated by Amy Xiaomin Wang

10 9 8 7 6 5 4 3 2
Printed in the United States of America

teach me...
TAPES
inc.

♪ 当我们同在一起
Dāng wǒmen tóng zài yī qǐ
Dà jiā duō huān xǐ。
nǐ de péngyǒu zài zhè Lǐ
Wǒ de péng Yǒu zài zhè Lǐ……

nǐ hǎo wǒ jiào mài ruǐ
你 好! 我 叫 迈 蕊心。
nǐ jiào shén me míng zì
你 叫 什么 名 字?
zhè shì wǒ de jiā
这 是 我 的 家。

bàba
爸爸

māma
妈妈

wǒ
我

gēge
哥哥

wǒ jiā de xiǎo māo
我家的小猫

tā de míng zì jiào máo máo
它的名字叫毛毛
tā de máo shì huī sè de hěn róu hé
它的毛是灰色的,很柔和。

wǒ jiā de xiǎo gǒu
我家的小狗

tā de míng zì jiào xiǎo bō
它的名字叫小波
tā de máo shì hēi sè hé bái sè
它的毛是黑色和白色。

zhè shì wǒ de jiā
这是我的家。
wǒ jiā de fáng zi shì lán sè
我家的房子是蓝色。
fáng zi de wū dǐng
房子的屋顶
shì hè sè
是褐色。
wǒ jiā de yuàn zi lǐ zhòng mǎn le huáng sè de xiān huā
我家的园子里种满了黄色的鲜花。

三 sān

wǒ de fáng jiān de yán sè shì hóng sè
我的房间的颜色是红色。
kuài qī diǎn le   kuài qǐ chuáng
快七点了！快起床！
kuài qǐ chuáng
快起床！

♪ 晨钟
yuē hàn gē ge
Hái zài shuì jiào
Zǎo chéng zhōng shēng
yǐ qiāo xiǎng dīng
dāng dōng……

♪ 懒惰的迈蕊
Lǎn duò de mài Ruǐ
nǐ kuài qǐ chuáng
nǐ jīntiān kuài qǐ
chuáng……

四 Sì

gāi chuān yī fú le　wǒ chuān shàng wǒ de chèn shān　wǒ de kù zi
该穿衣服了！我穿上　我的衬衫，我的裤子

wǒ de xié zi
我的鞋子

dài shàng wǒ de mào zi
戴上　我的帽子。

zǎo fàn wǒ xǐ huān
早饭我喜欢
chī mài piàn guǒ jiàng miàn bāo
吃麦片、果酱面包，
hē jú zi shuǐ
喝桔子水。

五 wǔ

♪ 头, 肩膀, 膝盖, 脚趾头

Tóu, jiānbǎng xīgài jiǎozhǐtóu
Tóu jiāngbǎng xīgài jiǎo zhǐ tóu
yǎnjing ěrduo zuǐba bízi
yǎnjing ěrduo zuǐba bízi pāipāi shǒu.

dī dā dī dā xià yǔ le
滴答滴答下雨了

dǎ tóu wáwa tiào wǔ le
大头娃娃跳舞了。

♪ 雨

yǔ ér qǐng tíng xià
Gé tiān ér zài lái
yǔ ér qǐng tíng xià
xiǎo yuē hàn xiǎng
chū wài wán……

xià yǔ le, xià dà yǔ
jiù xiàng lǎo yé ye dǎ
hū lu. Tā zhuàng pèng
le tóu ya qù shuì jiào,
yī jiào shuì dào dì èr
tiān……

八 Bā

zhè shì wǒ de xué xiào
这是我的学校。
xiàn zài wǒ shuō yí biàn shù zì hé
现在我说一遍数字和
pīn yīn nǐ men gēn zhe wǒ niàn yí biàn
拼音,你们跟着我念一遍

一 二 三 四 五
六 七 八 九 十

A	O	E	I	U
Ü	B	P	m	F
D	T	n	L	G
K	H	J	Q	X
zh	ch	sh	Z	C
S	W	Y	R	

♪ 音符歌

B P M F D T N L
G K H J Q X
zhi Chi Shi Ri Zi Ci Si
A O E (E) Ai Ei Ao Ou
An En Ang Eng Yi Wu Yu
Hái Yǒu Yí Ge Yin
Fú "ER"

♪ 一只大象

yī zhī dà xiàng chū wài
wán, wán shuǎ zhe yī zhī
zhī zhū wǎng, jù dà wú
bǐ de kuài lè, cù shǐ tā
yāo qǐng lìng yī zhī
dà xiàng.
　Liǎng zhī ……
　sān zhī ……
quán tǐ dàxiàng chū wài
wán, wán shuǎ zhe yī zhī
zhū wǎng, jù dà wú bǐ de
kuài le, cù shǐ tāmen yāo
qǐng lìng yī zhī dà xiàng.

♪ 幸福歌

Dāng nǐ xìng fú de
shí hòu, qǐng nǐ pāi
pāi shǒu.
Dāng nǐ gǎn dào
xìng fú de shí hòu,
Qǐng nǐ pāi pāi shǒu.
Pāi pāi shǒu.

♪ 小木偶

xiǎo mù'ǒu huì biǎo yǎn
zhuàn quān, shuāi jiāo,
zhàn lì zǒu. tā men dú jiǎo
tiào, shuāng jiǎo tiào, měng
tiào.
Shén me shí hòu hái néng
zài lái guān kàn jīng cǎi
yǒu qù de xiǎo mù'ǒu
de biǎo yǎn.

十 shí

fàng xué yǐ hòu
放 学 以 后，
wǒ men zuò xiǎo
我 们 坐 小
qì chē huí jiā
汽 车 回 家。

♪ 小 汽 车 的 轮 子

xiǎo qìchē de lúnzi zài zhuàn dòng
xiǎo qìchē de lúnzi zài zhuàn dòng
Wéi zhe chéng lǐ zhuàn。

xiǎo qìchē de lǎ bā dī dā dā
xiǎo qìchē de lǎ bā dī dā dā
Wéi zhe chéng lǐ zhuàn。

xiǎo qìchē de chuāng shuā shuā shuā shuā
xiǎo qìchē de chuāng shuā shuā shuā shuā
Wéi zhe chéng lǐ zhuàn。

gāi chī wǔfàn le   wǔ Fàn yǐhòu
该 吃午饭了。 午饭以后
shuì yī gè wǔ jiào
睡一个午觉。

♪ 睡吧，宝贝！
shuì ba qīn'ài de xiǎo bǎobèi,
Bàba jiāng gě nǐ mǎi yī zhī
Bǎilíng niǎo. Rǔguǒ nài zhī
Bǎilíng niǎo bú huì chàng,
Bàba jiāng gě nǐ mǎi yī zhī
Zhuàn shí jiè zi. Rǔguǒ nài
zhī Zhuàn shí jiè zi biàn
jiù le, Bàba jiāng gě nǐ mǎi
miàn jìng zi zhào kàn. Rǔguǒ
nài miàn jìng zi shuǎi huàile,
nǐ shì Bàba zuì tián mì de
xiǎo bǎo bèi.

Zài ài wéi niǎo de
Qiáo tóu shàng, tāmen
Tiào wǔ...... Tāmen
Tiǎo wǔ zhuàn ya zhuàn

♪ 季节歌
Wǒ bǎ shù yè bà
chéng yī gè duī, tuì
hòu yī bù wān zhe
xī gài, rán hòu tiào yuè.

shuì wán wǔ jiào wǒ qù gōng yuán wán
睡完午觉我去公园玩。
wǒ xǐ huān wèi xiǎo yā zi
我喜欢喂小鸭子。
zài qiáo shàng wǒ hé wǒ de péng
在桥上我和我的朋
yǒu men chàng gē tiào wǔ
友们唱歌跳舞。

♪ 六只小鸭子
liù zhī xiǎo yā zi guā guā jiào, yī zhī pàng yī zhī shòu gè
yǒu fēng dù. yǒu yī zhī dài yǒu yǔ máo de xiǎo yā zi, dài
lǐng zhe qí tā xiǎo yā zi guā guā jiào. xiǎo yā zi yóu dào
hé zhōng xīn, yáo bǎi yáo bǎi pái chéng yī duì, yǒu yī zhī dài
yǒu yǔ máo de xiǎo yā zi, dài lǐng zhe qí tā xiǎo yā zi guā
guā jiào.

wǒ è le gāi chī wǎn fàn le
我 饿 了！ 该 吃 晚 饭 了。

♪ 晚 饭 好 吃
Wǎn Fàn Hǎo chī
xiè xiè chú shī
xiè xiè měi yī Gè Rén！

♪ 闪闪亮亮
shǎn shǎn liàng liàng
xiǎo xīng xīng
nǐ jiūjìng shì shén me?
gāo gāo guà zài tiān kōng
shàng. jiù xiàng zhuàn shí
zài shǎn liàng......

♪ 摇篮曲
shuì ba, bǎo bèi, bàn suí
méi guì de wēn qíng. Māma
de huái bào shì nǐ de yáo
lán, yáo a yáo a yáo a yáo
shì shàng yí qiè xìng fú
wēn nuǎn tián mì dōu shǔ yú
nǐ......

ADDITIONAL VERSES

Lazy Marie (page 4)

Lǎn duò de Mài Ruì
Nǐ kuài chuān yī......
Nǐ jīntiān kuài chuān yī!

Lǎn duò de Mài Ruì
Nǐ kuài shuā yá......
Nǐ jīntiān kuài shuā yá!

Lǎn duò de Mài Ruì
Nǐ kuài xǐ liǎn......
Nǐ jīntiān kuài xǐ liǎn!

Lǎn duò de Mài Ruì
Qǐng zhěng lǐ chuáng......
Qǐng zhěng lǐ chuáng!

Rainbows (page 8)

Shǐ ér lán shǐ ér lǜ,
Měilì de cǎi sè zhēn shén mì,
Fěn sè, zǐ sè huáng sè,
Wǒ yuàn jià zhe zhè cǎi hóng.

If You're Happy & You Know It (page 10)

Dāng nǐ shēng qì de shí hòu,
Qǐng nǐ duò duò jiǎo duò duò jiǎo,
Dāng nǐ gǎndào shēng qì de shí hòu,
Qǐng nǐ duò duò jiǎo duò duò jiǎo.

Dāng nǐ táoqì de shí hòu,
Qǐng nǐ fàng shēng de fàng shēng de dà xiào.
Dāng nǐ gǎndào táo qì de shí hòu,
Qǐng nǐ fàng shēng de fàng shēng de dà xiào.

Dāng nǐ dùzi è de shí hòu,
Qǐng nǐ mō zhe dùzi jiào dùzi è,
Dāng nǐ gǎndào dùzi è de shíhòu,
Qǐng nǐ mō zhe dùzi jiào dùzi è.

Dāng nǐ gǎndào píjuàn de shíhòu,
Qǐng nǐ shuì yī gè wǔjiào shuì yī gè wǔjiào.
Dāng nǐ gǎndào píjuàn de shíhòu,
Qǐng nǐ shuì yī gè wǔjiào.

The Wheels on the Car (page 11)

Xiǎo qì chē de dēng guāng liàng shǎn shǎn,
Xiǎo qì chē de dēng guāng liàng shǎn shǎn,
Wéi zhe chéng lǐ zhuàn.

Chē lǐ de xiǎo péng yǒu men dù zi è,
Chē lǐ de xiǎo péng yǒu men dù zi è,
Wéi zhe chéng lǐ zhuàn.

Xiǎo péng yǒu men jì shàng ān quán dài,
Xiǎo péng yǒu men jì shàng ān quán dài,
Wéi zhe chéng lǐ zhuàn.

Chē shàng de xiǎo péng yǒu shuō: chī wǔ fàn
Chē shàng de xiǎo péng yǒu shuō: chī wǔ fàn
Wéi zhe chéng lǐ zhuàn.

The Seasons Song (page 13)

Wǒ zuò yī gè xuě qiú,
Ràng tā zài dì shàng gǔn'
Jiàn jiàn de biàn chéng yī gè xuě rén,
Yòu dà pàng yòu yuán.

Wǒ shì yī duǒ xiǎo huā,
Wǒ yǒu xīng lǜ yè.
Wǒ de yī gè huā léi,
Gào sù nǐ chūn tiān dào.

Xiàn zài shì xià tiān ya,
Tài yáng duō míng liàng.
Wǒmen wú yōu wú lǜ,
Zhàn zhe fàng fēng zheng.

Six Little Ducks (page 13)

Xiǎo yā zi yóu dào hé zhōng xīn,
Yáo bǎi yáo bǎi pái chéng yī duì.
Yǒu yī zhī dài yǒu yǔ máo de xiǎo yā zi,
Dài lǐng zhe qí tā xiǎo yā zi guā guā jiào.

Our Mother Earth (page 13)

Dà zì rán shì wǒ mèn de jiā,
Wǒmen wéi yī de jiā,
Dà zì rán shì wǒmen de jiā,
Wǒmen rè ài tā.
Huí shōu fèi zhǐ, sùliào bōlí,
Zhè shì nǐ hé wǒ de zérèn.

Lullaby (page 15)

Shuì ba, bao bèi!
Bàn suí méi guì de wēn qíng.
Māma de huái bào shì nǐ de yáo lán,
Bú yòng fán nǎo bú yòng yōu chóu.
Shì shàng yī qiè xìngfú, wēnnuǎn,
tiánmì dōu shǔ yú nǐ.

Good Night, My Friends (page 15)

Wǎn ān ! Wǒ de péngyǒu men,
Wǎn ān! Wǒ de péngyǒu men,
Wǎn ān! Wǒ dē Péngyǒu men,
Wǎn ān, wǎn ān!

TRANSLATIONS

PAGE 1
The More We Get Together
The more we get together, together, together,
The more we get together, the happier we'll be.
For your friends are my friends
And my friends are your friends
The more we get together, the happier we'll be.

PAGE 2
Hello, my name is Marie. What is your name?
Here is my family. My mother, my father,
Me and my brother.

PAGE 3
My cat. Her name is Mǎo mao. She is soft and
grey. My dog. His name is Xiǎo bō. He is black
and white. This is my house. It is blue with a
brown roof and a garden full of yellow flowers.

PAGE 4
My room is red. It is seven o'clock.
Get up! Get up!

Are You Sleeping
Are you sleeping, are you sleeping?
Brother John, Brother John?
Morning bells are ringing
Morning bells are ringing
Ding, dang, dong! Ding, dang, dong!

Lazy Marie
Lazy Marie, will you get up, will you get up,
will you get up?
Lazy Marie, will you get up, will you get up
today?
…get dressed
…brush your teeth
…wash your face
…make your bed

PAGE 5
I get dressed. I put on my shirt, my pants, my
shoes and my hat. For breakfast I like to eat
cereal, toast with jam, and drink orange juice.

PAGE 6
Head, Shoulders, Knees and Toes
Head and shoulders, knees and toes, knees and
toes.
Head and shoulders, knees and toes, knees and
toes.
Eyes and ears and mouth and nose, clap your
hands.
Eyes and ears and mouth and nose, clap your
hands.

PAGE 7
Today is Monday. Do you know the days of the
week? Monday, Tuesday, Wednesday, Thursday,
Friday, Saturday, Sunday.

PAGE 8
It's raining! And the sound of the rain is like a
happy baby jumping and dancing!

Rain, Rain, Go Away
Rain, rain, go away,
Come again another day.
Rain, rain, go away,
Little Johnny wants to play.

It's Raining, It's Pouring
It's raining, it's pouring,
The old man is snoring,
He bumped his head and went to bed
And couldn't get up in the morning.

Rainbows
Sometimes blue and sometimes green
Prettiest colors I've ever seen
Pink and purple, yellow-whee!
I love to ride those rainbows.
© Teach Me Tapes, Inc. 1985

PAGE 9
Here is my school. Today I will repeat the
numbers and alphabet. Will you say them with
me? One, two, three, four, five, six, seven, eight,
nine, ten.

PAGE 10
Yīn Fú Ge (Alphabet)
B, P, M, F, D, T, N, L,
G, K, H, J, Q, X,
ZHI, CHI, SHI, RI, ZI, CI, SI,
A, O, E, (E), AI, AO, OU,
AN, EN, ANG, ENG, YI, WU, YU,
HÁI, YŎU, YĬ, GE, YĪN, FÚ, "ER."

One Elephant
One elephant went out to play
Upon a spider's web one day.
He had such enormous fun,
That he called for another elephant to come.

Two...
Three...
Four...
All...

If You're Happy and You Know It
If you're happy and you know it,
Clap your hands. (clap, clap)
If you're happy and you know it,
Clap your hands. (clap, clap)
If you're happy and you know it,
Then your face will surely show it;
If you're happy and you know it,
Clap your hands. (clap, clap)

2. If you're angry and you know it,
   Stomp your feet. (stomp, stomp)...

3. If you're silly and you know it,
   Laugh out loud. (giggle)...

4. If you're hungry and you know it,
   Rub your tummy. (Mmm, Mmm)...

5. If you're sleepy and you know it,
   Take a nap. (sigh)...
© Teach Me Tapes, Inc. 1993

The Puppets
Watch them hop, skip, jump,
Oh, the puppets they can go.
Watch them turn, fall, stand,
You must not miss the show.

Can we still come back,
To watch the puppets go.
Can we still come back,
Even when we are all grown.
© Teach Me Tapes, Inc. 1993

PAGE 11
After school, we ride home in the car.

The Wheels on the Car
The wheels on the car go round and round,
Round and round, round and round,
The wheels on the car go round and round,
All around the town.

2. The horn on the car goes beep beep beep...
3. The wipers on the car go swish swish swish...
4. The lights on the car go blink blink blink...
5. The children in the car say, "We are
   hungry,"...
6. The driver of the car says, "Buckle up,"...
7. The children in the car say, "Let's have
   lunch,"...

...All around the town.

PAGE 12
*It is time for lunch. After lunch, I take a quiet
time.*

Hush Little Baby
Hush little baby don't say a word,
Papa's gonna* to buy you a mockingbird;
If that mockingbird don't sing,
Papa's gonna buy you a diamond ring.
If that diamond ring turns brass,
Papa's gonna buy you a looking glass;
If that looking glass falls down,
You'll still be the sweetest little baby in town.
* "gonna" is slang for "going to"

PAGE 13
*After my quiet time, I go to the park to play. I
like to feed the ducks. I sing and dance on the
bridge with my friends.*

On the Bridge
On the bridge of Avignon,
They're all dancing, they're all dancing.
On the bridge of Avignon,
They're all dancing round and round.

The Seasons Song
I like to rake the leaves
Into a big hump
Then I step back
Bend my knees, and jump!

I like to make a snowball
And roll it on the ground
It grows into a snowman
So big and fat and round.

I am a little flower
My leaves are newly green
When you see my first bud
You know it's spring; it's spring.

It is now summer
The sun is shining bright
Our days are all our own
To stand and fly a kite.
© Teach Me Tapes, Inc. 1993

TRANSLATIONS

Six Little Ducks
Six little ducks that I once knew,
Fat ones, skinny ones, fair ones too.
But the one little duck
With the feather on his back,
He led the others with his
Quack, quack, quack,
Quack, quack, quack,
Quack, quack, quack,
He led the others with his
Quack, quack, quack.

Down to the river they would go,
Wibble, wibble, wibble, wobble, all in a row.
But the one little duck
With the feather on his back,
He lead the others with his quack, quack, quack.

Our Mother Earth
Our Mother Earth
It's our home
It's the only one we have.

Our Mother Earth
It's our home
We need to keep it clean.

The paper
The plastic
The glass should be recycled
It's you
It's me
Together we can save our Earth.
© Teach Me Tapes, Inc. 1993

PAGE 14
I'm hungry! It must be time for dinner.

Dinner is Delicious
Dinner is delicious
I thank the cook
And everyone.

PAGE 15
*It's night time. Do you see the stars? Good
night, Mom. Good night, Dad. Good night, my
friends!*

Twinkle, Twinkle
Twinkle, twinkle, little star,
How I wonder what you are.
Up above the world so high,
Like a diamond in the sky,
Twinkle, twinkle, little star,
How I wonder what you are!

Lullaby
Lullaby and good night,
With roses delight.
Creep into your bed,
There pillow your head.
If God will, you shall wake,
When the morning does break.
If God will, you shall wake,
When the morning does break.

Lullaby and good night,
Those blue eyes closed tight.
Bright angels are near,
So sleep without fear.
They will guard you from harm,
With their fair dreamland's sweet charm.
They will guard you from harm,
With their fair dreamland's sweet charm.

Lullaby (Literal Translation)
Lullaby and good night,
With roses delight.
Mom's arm is your cradle,
Let me rock you.
All the happiness, warmth, sweetness
Of the world belong to you.

Lullaby and good night,
With roses delight.
Mom's arm is your cradle,
You have nothing to worry about.
All the happiness, warmth, sweetness
Of the world belong to you!

Good Night, My Friends
Good night, my friends, good night
Good night, my friends, good night
Good night, my friends,
Good night, my friends,
Good night, my friends, good night

Good night!

*Teaching guides, posters, songbooks and
additional learning materials are available:
Call toll-free 800-456-4656*

© Teach Me Tapes, Inc. 1996

Minnetonka, MN 55343